AF322471

# RECONSTRUCTION

## DES DÉPOTS DE LOCOMOTIVES

### du Réseau du Nord après la Guerre

PAR

M. HÉMERY,

INGÉNIEUR EN CHEF, ATTACHÉ AU SERVICE CENTRAL DU MATÉRIEL ET DE LA TRACTION
DE LA COMPAGNIE DU CHEMIN DE FER DU NORD

Extrait de la **Revue Générale des Chemins de fer**

(N° de Février 1929).

PARIS

92, RUE BONAPARTE (VI)

Tous droits réservés.

1929

La **Revue Générale des Chemins de fer** paraît mensuellement depuis Juillet 1878, sous le patronage et avec la collaboration d'un *Comité de Rédaction* composé actuellement de :



## BUT DE LA REVUE GÉNÉRALE DES CHEMINS DE FER

Les études et les travaux publiés en France et à l'étranger sur les chemins de fer, et plus généralement sur la question des transports, étaient disséminés dans diverses publications périodiques.

La *Revue Générale des Chemins de fer* a pour but de réunir et de centraliser toutes les publications spéciales relatives à l'industrie des chemins de fer. Elle est destinée à tenir tous ceux qui s'occupent de ces importantes questions, au courant des travaux exécutés, des progrès tentés et réalisés, et, en général, de tous faits techniques ou commerciaux qui, en France ou à l'étranger, présentent quelque intérêt.

Elle publie, tout à la fois, des articles spéciaux relatifs à la construction des chemins de fer, à leur entretien, à l'établissement du matériel fixe et roulant, à la traction, etc. ; des études économiques ou financières, des résultats ou renseignements ayant trait à l'exploitation technique ou commerciale, tels que : dispositions de gares, manutention, télégraphie et application de l'électricité, chauffage et éclairage des gares et des trains, tarifs, jurisprudence, comptabilité, statistique, etc. Elle donne, d'une façon complète, la statistique annuelle des principaux chemins de fer du monde.

En un mot, la *Revue Générale des Chemins de fer* constitue, en France, l'organe spécial des chemins de fer et, à ce titre, elle mérite d'appeler l'attention de toutes les personnes qui s'intéressent à la grande industrie des transports, ainsi qu'on pourra, d'ailleurs, le constater par les **Tables Générales des Matières** parues dans cette publication du 1er Juillet 1878 au 1er Janvier 1921.

# RECONSTRUCTION

## DES DÉPÔTS DE LOCOMOTIVES

### du Réseau du Nord après la guerre


Par M. HÉMERY,

INGÉNIEUR EN CHEF, ATTACHÉ AU SERVICE CENTRAL DU MATÉRIEL ET DE LA TRACTION
DE LA COMPAGNIE DU CHEMIN DE FER DU NORD


Après la guerre, la Compagnie du Chemin de fer du Nord se trouvait en présence d'une tâche considérable. Les dévastations s'étendaient sur plus de la moitié du Réseau. Les dépôts de Laon, Hirson, Compiègne, Tergnier, Aulnoye, Arras, Lens, Béthune, Fives-Lille, Douai, Somain, Longueau et Amiens, devaient être reconstruits. Enserrés dans des limites étroites, bordés par les gares, les voies publiques, les immeubles privés et les usines, les dépôts anciens n'avaient pu se développer malgré l'accroissement du trafic, dont le tableau ci-dessous donne la mesure :

| Années............ | 1883 | 1893 | 1903 | 1913 |
|---|---|---|---|---|
| Parcours en millions de kilomètres ............... | 43 | 60 | 70 | 93 |
| Consommation de combustibles en milliers de tonnes.. | 500 | 700 | 930 | 1460 |

Il fallait aller vite. Les régions libérées attendaient les matériaux qui devaient faire surgir villes et villages de leurs ruines. On gagna du temps par la simplification des études et l'adoption d'installations types, susceptibles par leur constitution, leur facilité d'assemblage, de s'adapter à tous les cas, suivant l'importance des lignes desservies et la configuration du terrain. Les gares furent décongestionnées par l'éloignement des dépôts qui purent eux-mêmes être mis au large.

Le dispositif d'ensemble fut réalisé de façon à augmenter le rendement du personnel et celui du parc des locomotives.

Le prix élevé de la main-d'œuvre, sa difficulté de recrutement dans la région du Nord ont poussé au progrès de la manutention mécanique. Dans les nouveaux dépôts, le combustible est stocké, mélangé, distribué à l'aide d'engins puissants. L'enlèvement des cendres et scories s'effectue à l'aide de bennes perfectionnées. La distribution du sable et de l'huile est automatique.

Des dispositions ont été prises aussi pour assurer une rotation plus rapide des locomotives. L'équipe de route ne doit pas user ses heures de travail à l'intérieur du dépôt. C'est indispensable pour la meilleure utilisation du personnel et de la locomotive qui lui est affectée. A l'intérieur du dépôt, les évolutions doivent être rapides, ne pas comporter de mouvements inutiles, nécessiter la quantité de main-d'œuvre minimum. En fait, dans les dépôts nouveaux, la machine revenant de la ligne s'arrête au gril d'entrée (petit groupe de voies recouvertes d'un hall). Là, le mécanicien et l'agent spécialisé effectuent une visite contradictoire et décident la destination de la machine : remisage, ce qui est le cas normal, ou atelier, si une réparation est nécessaire. Le mécanicien et le chauffeur de route sont libérés et la locomotive, confiée aux agents du dépôt, continue son évolution en passant sur les fosses à scories, puis sous l'appareil de chargement de combustible.

Au départ, la locomotive est amenée au gril de sortie ; les cendres et scories sont jetées, s'il y a lieu, dans les fosses encadrées de grues hydrauliques pour l'alimentation en eau, la machine est approvisionnée de sable, puis remise à l'équipe de ligne qui bientôt sera prête à reprendre la route.

Enfin, pendant leur séjour au dépôt, mécaniciens et chauffeurs prennent leur repos et se restaurent au « Foyer », sorte d'hôtel pour les équipes de passage. Le Foyer est bâti à une distance suffisante des voies et des ateliers pour que les agents ne puissent être incommodés par le bruit ou par les fumées. Il est entouré de jardins ; les locaux sont spacieux, aérés, lumineux, tenus avec une propreté et un soin méticuleux ; les agents peuvent y détendre leurs nerfs en toute quiétude.

### DÉTAIL ET FONCTIONNEMENT DES INSTALLATIONS

#### I. — GRIL D'ENTRÉE (Fig. 1 et 2)

Les quatre voies du gril d'entrée sont en partie munies de fosses de visite et couvertes d'un abri en ciment armé à hottes continues d'évacuation de fumées appelé « halle de visite ». Les

*Fig. 1. — GRIL D'ENTRÉE.*

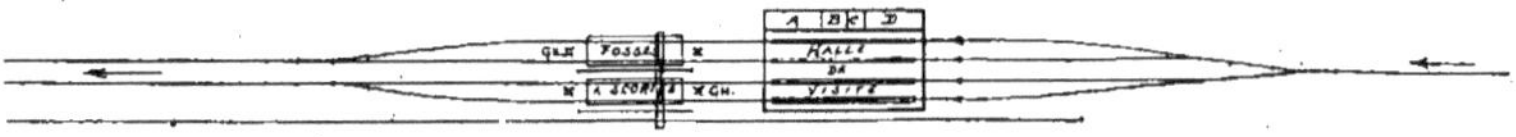

**LEGENDE**

| | | | |
|---|---|---|---|
| A | Vestiaires Lavabos. | C | Poste. |
| B | Dépôt de lanternes. | D | Vestiaires Lavabos. |

fosses sont à gradins. Leur profil est indiqué fig. 3. C'est le type exclusif actuel sur le réseau du Nord pour la visite, la préparation ou la réparation des locomotives.

La halle de visite comporte en annexe un poste pour le « visiteur de machines », un dépôt des garnitures de lanternes, des vestiaires-lavabos pour les mécaniciens et chauffeurs.

Sur le gril d'entrée, comme d'ailleurs sur le gril de sortie, les machines peuvent stationner un certain temps, ce qui permet de régulariser la tâche des agents au dépôt.

*Fosses doubles à scories et portiques de chargement.* — Les fosses doubles (Fig. 4) sont installées au gril d'entrée et au gril de sortie ; elles sont remplies d'eau. Leur longueur (30 mètres) permet de placer deux machines à la fois sur chaque fosse. L'enlèvement des scories s'effectue au moyen d'un portique à manœuvre électrique muni d'une benne automatique de 1.300 litres. Le rendement du portique est de 30 tonnes à l'heure. Chaque

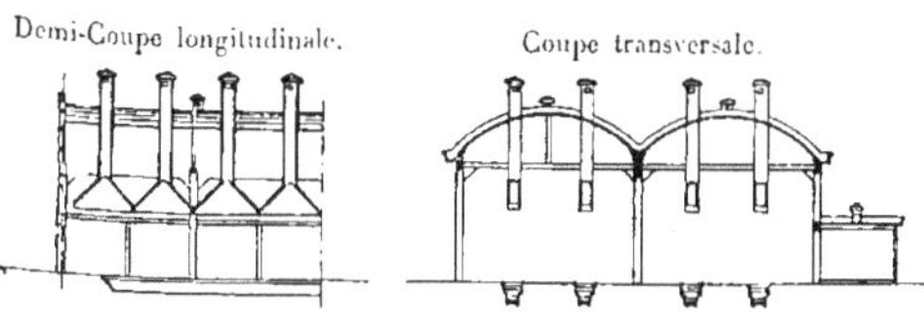

Fig. 2. — HALLE DE VISITE A L'ENTRÉE.



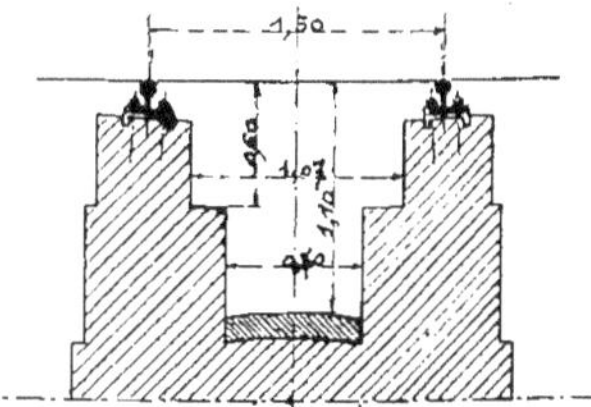

Fig. 3. — PROFIL DES FOSSES DE VISITE.

Fig. 4. — FOSSE DOUBLE A SCORIES.

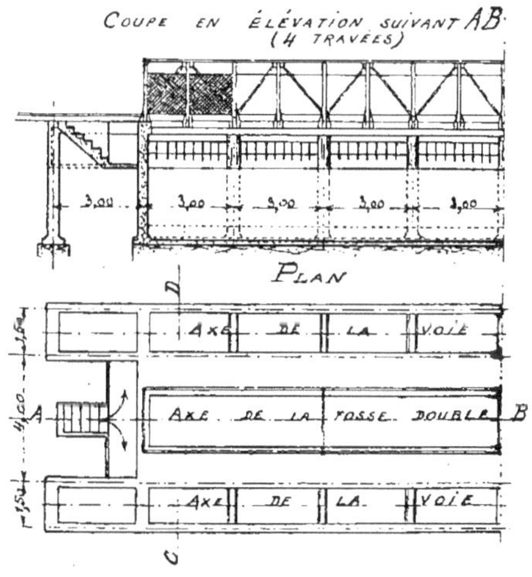



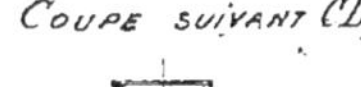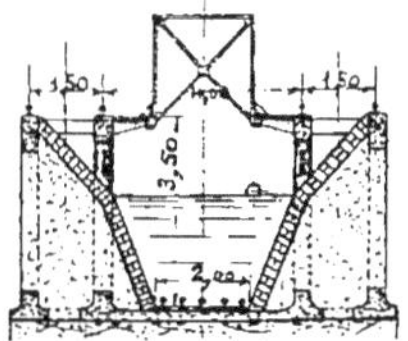



fosse peut recevoir 120 m³. La vidange n'est nécessaire que tous les trois ou quatre jours avec une dépense de main-d'œuvre très minime.

## II. — GRIL DE SORTIE (Fig. 5)

Il comporte six voies avec fosses de visite et hall sur une partie de la longueur.

En annexe du hall : le poste pour l'agent préposé aux sorties des machines, la lampisterie,

Fig. 5. — GRIL DE SORTIE.

Plan

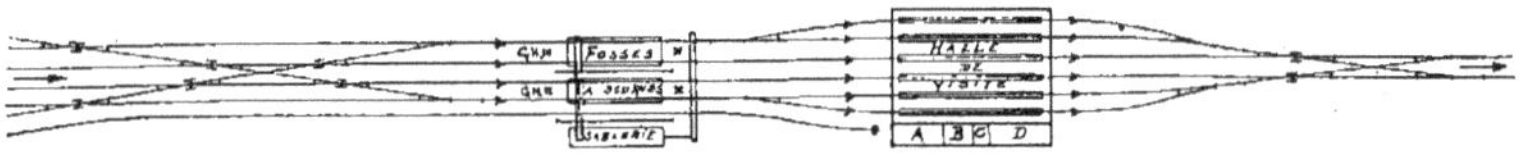

**LÉGENDE**

| A | Graissage. | C | Poste. |
|---|---|---|---|
| B | Outillage. | D | Lampisterie. |

la distribution automatique d'huile et un petit magasin contenant les menues matières diverses (déchets de coton, tubes de niveau d'eau, outils à feu, bidons, balais, etc...).

*Sablerie.* — Elle comprend un bâtiment abritant le séchoir et une passerelle de distribution avec trémies de 2 m³ au-dessus de chacune des voies du gril. Le sable est chassé aux trémies par l'air comprimé. En ouvrant la vanne, le sable coule dans la sablière de la machine par l'intermédiaire d'un tuyau extensible. Le séchoir est approvisionné par le haut à l'aide de la benne automatique du portique à scories qui se trouve à proximité et par l'intermédiaire d'un réservoir, d'où l'on peut faire tomber le sable sur le four. Le sable sec coule au sous-sol, d'où il est envoyé à la passerelle.

*Distribution d'huile.* — Le magasin de graissage comprend un approvisionnement d'huile noire ordinaire et de l'huile à surchauffe. L'huile noire est livrée au magasin en wagons réservoirs qui sont dépotés dans une citerne verrée. L'huile à surchauffe arrive en fûts ; elle est approvisionnée directement dans une cave aménagée sous les bâtiments annexes du gril de sortie : elle s'y maintient l'hiver à une température douce et les fûts y sont, l'été, soustraits à l'influence du soleil.

L'huile noire et l'huile à surchauffe sont ensuite envoyées au moyen de pompes électriques, dans des réservoirs en charge placés dans une chambre qui peut être chauffée l'hiver pour donner à l'huile un degré de fluidité convenable. Les réservoirs sont en communication avec les distributeurs automatiques à jetons mis à portée des mécaniciens.

## III. — MANIPULATION DU COMBUSTIBLE

Le chantier du combustible se compose de deux parties bien distinctes : le parc de stockage et l'appareil de distribution. Ce dernier fait également la distribution des briquettes.

A. — *Parc de stockage.* — Le parc est placé complètement en dehors de la zone active du dépôt. Il comprend un faisceau de trois ou quatre voies assez longues pour recevoir des trains complets ; une voie de tiroir permet de faire le classement des wagons. Le stock de combustible s'étend le long de ce faisceau de voies ; il est desservi par un portique de 50 m de portée, y compris deux avant-becs de 10 m, et muni d'une benne automatique d'une capacité de 3 t (Fig. 6). L'un des avant-becs s'étend au-dessus des deux voies voisines du faisceau. Ces deux voies sont munies, dans leur partie médiane, d'une jonction pour

Fig. 6.

permettre le classement des wagons au moyen d'un treuil de 3 000 kg monté sur le pied du portique. Le charbon puisé dans les wagons au moyen de la benne automatique est approvisionné dans le parc par catégories, afin de conserver toute latitude pour la formation du mélange avant la distribution.

On classe ordinairement le charbon en 4 catégories :

a) Le tout-venant, qui est généralement du charbon gras de 20 à 30 % de matières volatiles, contenant au minimum 20 à 25 % de criblé 3 cm barreaux ;

b) Les fines ténues, grasses et 3/4 grasses d'une teneur en matières volatiles de 20 à 35 % ;

c) Les fines 1/2 grasses, avec 14 à 19 % de matières volatiles.

d) Les fines 1/4 grasses et maigres avec 9 à 13 % de matières volatiles.

Les mélanges distribués aux machines varient selon les circonstances. Les proportions sont habituellement les suivantes :

30 à 35 % de tout-venant ;
70 à 65 % de fines dont :
    20 à 15 % de fines grasses ;
    10 à 15 % de fines demi-grasses ;
    40 à 35 % de fines 1/4 grasses et maigres.

Le compartimentage du parc est fait, en conséquence, au moyen de murs d'agglomérés posés les uns sur les autres.

Le charbon est repris par le portique, au moment de la distribution, dans les proportions prescrites et chargé dans des wagons-trémies, puis déversé dans les soutes du distributeur.

Ce service est assuré par deux agents dont un conducteur de portique.

Le rendement est le suivant :

        stockage.................... 100 t à 140 t à l'heure.
        reprise au stock.............. 150 t à 180 t à l'heure.

*Remarque*. — Dans certains cas, un parc à combustible alimente plusieurs dépôts voisins. C'est le cas notamment pour Amiens et Longueau.

B. — *Appareil de distribution*. — L'appareil de distribution est, à la fois, un mélangeur et un distributeur (Fig. 7).

Le mélangeur se compose de quatre soutes d'une capacité de 25 t. Le charbon est déversé dans ces soutes sous lesquelles se meut un tapis longitudinal, à débit réglable, qui conduit le

*Fig. 7.*

charbon sur un tapis collecteur transversal en le mélangeant. Le mélange tombe sur une chaîne à godets qui le monte dans une trémie aérienne d'une capacité de 100 t.

Le combustible descend ensuite par la gravité jusqu'au jaugeur et, de là, sur les tenders des machines par l'intermédiaire d'une goulotte fixe ou orientable.

Le jaugeur débite à chaque coup de levier 500 kg de charbon et chaque opération se fait en 15 secondes.

Un seul homme suffit à la manœuvre complète du mélangeur-distributeur.

*Remarque.* — Certains dépôts distribuent du charbon criblé pour le service des trains rapides. L'un des compartiments de la trémie aérienne est, à cet effet, réservé au criblé. Pour éviter de briser le criblé, ce compartiment est muni d'un descenseur hélicoïdal.

*Distribution des briquettes.* — La distribution des briquettes s'effectue au moyen de wagonnets d'une capacité de 500 kg montés sur la plate-forme de service au moyen d'un monte-charge. Le contenu des wagonnets est déversé sur les tenders au moyen de goulottes à bascule. La plate-forme peut contenir environ cinquante wagonnets. Les voies sont établies en circuit continu.

Le réapprovisionnement de la plate-forme en wagonnets chargés s'effectue dans les périodes creuses. Le stock de briquettes est constitué à proximité du monte-charge. On peut aussi prendre directement les briquettes aux wagons à chaque arrivage.

En cas d'avarie du distributeur de charbon, le monte-charge constitue un appareil de secours.

## IV. — REMISAGE.

Le remisage des machines (Fig. 8) est constitué d'une série de grils à trois voies ayant entre eux une certaine indépendance pour permettre le classement des machines à l'aide de voies de tiroirs aménagées à l'entrée et à la sortie de ces grils. La longueur utile de chaque voie de remisage est de 125 m (cinq machines de 25 m de longueur).

Fig. 8. — GRIL DE REMISAGE

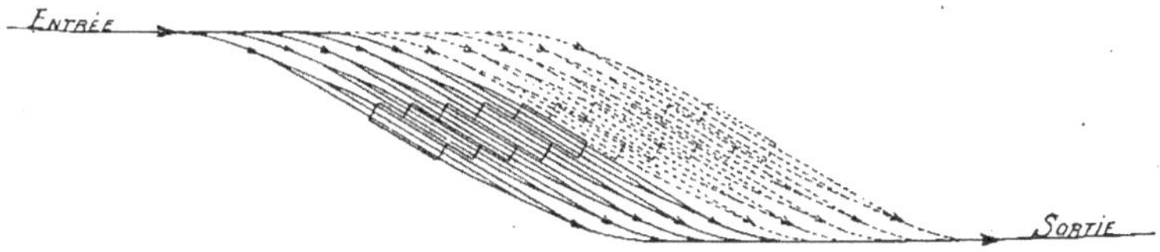

Les voies ne comportent ni fosses, ni accessoires quelconques ; ce sont de simples voies de garage.

La partie centrale de chaque gril peut être recouverte d'une halle à lanterneaux munie de hottes continues d'aspiration de fumée.

## V. — ATELIERS.

Les ateliers sont établis sur un faisceau de voies dont la partie centrale est couverte (Fig. 9). Ils forment deux parties distinctes, le « Grand Entretien » et le « Petit Entretien ».

Les voies en impasse du « Grand Entretien » sont affectées aux levages et réparations d'une certaine importance nécessitant l'arrêt de la machine pendant plusieurs jours.

Les voies de l'atelier du « Petit Entretien » sont passantes.

Toutes ces voies sont munies de fosses à gradins.

A. — *Atelier de Grand Entretien.* — Le bâtiment se compose de travées uniformes de 8,33 m de longueur. En principe, dans les grands dépôts la longueur totale est de 100 m, soit douze travées, dont trois travées (25 m) à chaque extrémité contiennent les voies de levage. Les six travées du milieu (50 m) sont réservées aux machines-outils.

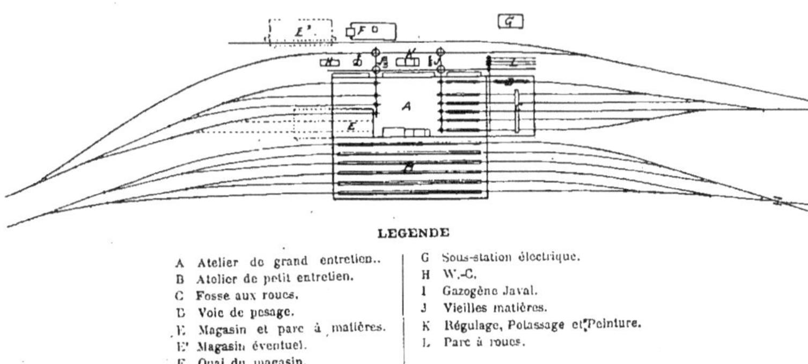

*Fig. 9. — Ensemble de l'atelier.*

**LEGENDE**

A Atelier de grand entretien..  
B Atelier de petit entretien.  
C Fosse aux roues.  
D Voie de pesage.  
E Magasin et parc à matières.  
E' Magasin éventuel.  
F Quai du magasin.  
G Sous-station électrique.  
H W.-C.  
I Gazogène Javal.  
J Vieilles matières.  
K Régulage, Potassage et Peinture.  
L Parc à roues.

Dans le sens transversal (Fig. 10) le bâtiment est décomposé en deux parties, l'une de cinq voies desservie sur toute sa longueur par un pont de 3 t, l'autre d'une seule voie desservie par deux ponts de 15 t. La travée de cinq voies est affectée au levage des machines qui s'effectue au moyen d'un jeu de quatre vérins. La travée à une voie est réservée aux travaux de chaudronnerie et aux réparations de tenders.

*Fig. 10. — Coupe de l'atelier de grand entretien et d'une travée de l'atelier du petit entretien.*

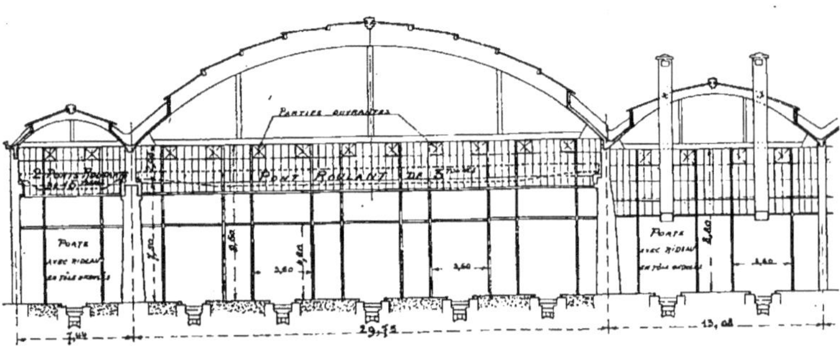

Contre la cloison qui sépare l'atelier de grand entretien du petit entretien se trouvent le bureau du Contremaître (en étage), la centrale thermique, l'outillage, la menuiserie, l'atelier de précision pour l'entretien des enregistreurs de vitesses, les appareils de frein, etc....

Nous donnons (Fig. 11) un plan d'ensemble avec la répartition des annexes, machines-outils, etc.

B. — *Atelier de Petit Entretien.* — L'atelier de petit entretien a, généralement, la même longueur que celui de grand entretien ; il est constitué également de travées de 8,33 m. de longueur.

Dans le sens transversal, le bâtiment se compose de travées de deux voies (Fig. 10).

Toutes les voies sont sous des hottes continues d'aspiration de fumée.

Les voies les plus rapprochées du grand entretien sont réservées aux machines nécessitant les opérations les plus importantes.

Cet atelier, comme le précédent, comporte de nombreuses prises d'air comprimé et prises de courant pour outils portatifs.

## VI. — CENTRALE THERMIQUE POUR LE LAVAGE DES CHAUDIÈRES.

L'installation de Centrales thermiques pour le lavage des chaudières a été réalisée pour répondre au programme suivant :

*a*) Concentrer toutes les opérations de lavage des chaudières sur un groupe de voies bien déterminé, afin d'obtenir un meilleur rendement du personnel.

*b*) Faire les lavages à l'eau chaude en récupérant, dans toute la mesure du possible, la chaleur des eaux et de la vapeur de décharge des chaudières des machines à traiter.

*c*) Obtenir un jet capable, par sa pression et son débit, de produire un nettoyage efficace des chaudières.

*d*) Faire à l'eau chaude le remplissage des chaudières, après le lavage, pour ne pas les soumettre à des variations de température préjudiciables.

Au moment où les travaux ont été exécutés, il n'existait, en Europe, qu'un seul type de centrale thermique en service répondant à ce programme, c'était la centrale « de Micheli » dont un certain nombre d'exemplaires fonctionnaient, depuis quelques années, aux chemins de fer de l'État Italien.

C'est ce type de centrale qui a été adopté, sauf à Lens où l'on a installé une centrale étudiée par la maison Grouvelle et Arquembourg et basée sur des principes différents.

*Description et fonctionnement.* — Toutes les voies de l'atelier du Petit Entretien ont été aménagées pour le lavage des chaudières. Les entrevoies sont munies des canalisations et bouches nécessaires, les unes pour la circulation des eaux et de la vapeur de décharge, les autres pour le refoulement des eaux de lavage et de remplissage des chaudières.

Les principaux organes de la centrale « de Micheli », représentée schématiquement par la figure 12, sont les suivants :

1° Deux bassins principaux, généralement maçonnés dans le sol, d'une contenance de 25 m³ chacun et recevant l'un ($V_1$) les eaux de décharge qui seront reprises ensuite pour le lavage, l'autre ($V_2$) l'eau de remplissage des chaudières.

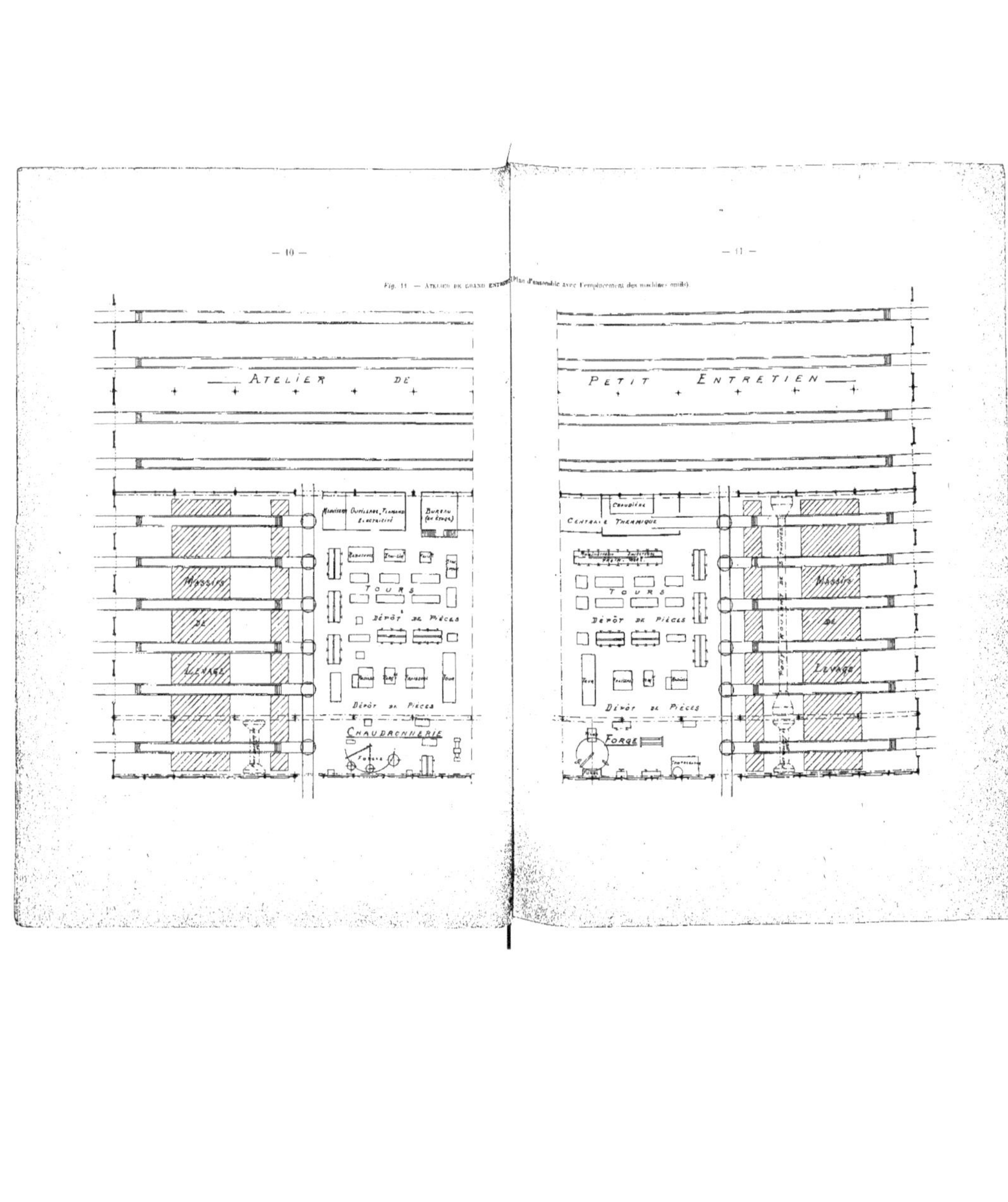


Fig. 11 — ATELIER DE GRAND ENTRETIEN (Plan d'ensemble avec l'emplacement des machines-outils).

A côté de chacun de ces deux bassins principaux, un bassin auxiliaire d'une capacité de 15 m³ permet de porter la capacité totale de chacun des deux éléments à 40 m³. On peut, avec ce dispositif, recevoir la vidange de huit chaudières de locomotives de dimensions moyennes.

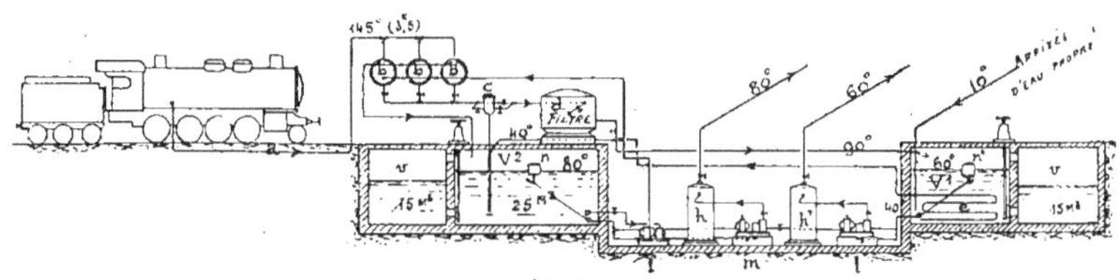

*Fig.* 12. — CENTRALE THERMIQUE.

### LÉGENDE

a Tuyau de décharge des locomotives.
b Réchauffeurs à contre-courant.
c Régulateur automatique de l'eau d'alimentation.
d Filtre pour l'eau sale.
e Serpentin d'eau douce propre.
f Pompe de circulation de l'eau propre.

$V^2$ Réservoir d'eau propre à 80° pour les remplissages.
hh' Chambres à air.
$V^1$ Réservoir d'eau à 60° pour les lavages.
m Pompe pour le remplissage des locomotives à 80°.
l Pompe pour le lavage des locomotives à 60°.
nn' Flotteurs automatiques.

2° Deux ou trois réchauffeurs cylindriques à contre-courant $(b,b,b,)$ ou récupérateurs destinés à réchauffer l'eau de remplissage.

3° Un filtre ($d$) pour arrêter les dépôts de tartre contenus dans les eaux de décharge.

4° Deux réservoirs ($h$, $h'$) formant cloche d'air qui permettent de maintenir à 8 kg la pression de l'eau de lavage et de remplissage des chaudières.

5° Un jeu de pompes pour le refoulement et la circulation des eaux.

6° Un serpentin de réchauffage ($e$) placé dans le bassin de l'eau de lavage.

7° Un régulateur automatique ($c$) pour l'eau d'alimentation.

Les eaux et la vapeur de décharge traversent d'abord les réchauffeurs à contre-courant où circule, en sens inverse, l'eau propre destinée au remplissage qui s'est déjà réchauffée par son passage dans le serpentin ($e$). Le régulateur automatique ($c$) établit la proportionnalité entre les quantités d'eau de décharge et de remplissage circulant dans les appareils.

Après avoir traversé les réchauffeurs, les eaux de décharge passent dans le réservoir ($V_1$) où elles restent disponibles pour les lavages.

Tout le fonctionnement est automatique.

*Résultats obtenus.* — A la mise en service des centrales thermiques on n'a pas, en règle générale, réduit l'effectif du personnel affecté au lavage ; par contre on a obtenu une augmentation du rendement des équipes qui ont pu faire 8 lavages par période de 8 heures au lieu de 6. Le groupement des installations a facilité aussi la surveillance et les opérations sont plus soignées.

La décharge sous pression et le lavage à l'eau chaude, sous l'effet d'un jet puissant, activent le décollement du tartre et l'évacuation des boues.

Le temps très court nécessaire à une opération donne la possibilité de faire des lavages plus fréquents et d'obtenir des chaudières en service plus propres, donnant une meilleure vaporisation.

La récupération de chaleur réalisée par la Centrale thermique, tant pour le lavage des chaudières que pour le remplissage, peut être évaluée à 3 000 kg de charbon par jour pour un dépôt de 100 à 150 machines.

Citons simplement pour mémoire les économies d'eau résultant du réemploi des eaux de vidange.

Enfin, les conditions excellentes dans lesquelles sont effectuées les lavages se répercutent sur la meilleure tenue des entretoises et des tubulures. Il a été constaté, dans certains dépôts, que le nombre d'entretoises remplacées, au petit entretien, avait diminué de 50 %.

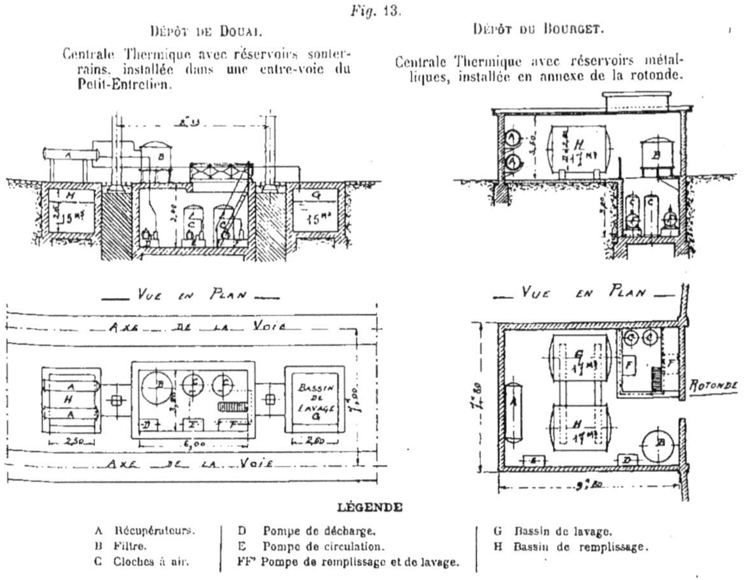


*Fig.* 13.

**LÉGENDE**

| | | | |
|---|---|---|---|
| A Récupérateurs. | D Pompe de décharge. | G Bassin de lavage. |
| B Filtre. | E Pompe de circulation. | H Bassin de remplissage. |
| C Cloches à air. | FF' Pompe de remplissage et de lavage. | |

La figure 13 donne les plans d'ensemble de deux Centrales thermiques de dimensions réduites, l'une au Bourget avec réservoirs métalliques calorifugés, l'autre à Douai, avec réservoirs maçonnés dans le sol, et dont l'encombrement est extrêmement faible.

## VII. — SOUS-STATION ÉLECTRIQUE.

La sous-station électrique, installée à proximité de l'atelier, alimente en énergie électrique, toutes les installations du dépôt : les machines-outils, les outils portatifs, les moteurs des différents appareils de manutention, la cabine électrique d'aiguillage, etc...

Elle reçoit le courant triphasé des Secteurs sous une tension alternative de 10 000 ou de 15 000 volts, à la fréquence de 50 périodes par seconde.

La puissance installée, qui laisse une large marge pour l'avenir, est de 600 KVA répartie sur trois transformateurs à prises multiples de 200 KVA qui abaissent la tension à 220 V entres phases.

Un groupe convertisseur de 8 KVA et un redresseur à vapeur de mercure transforment le courant alternatif en continu pour charger la batterie réservée à la cabine de signalisation.

Le circuit d'éclairage est monté en dérivation sur le circuit de force (tension 127 volts).

Pour assurer la fourniture de courant aux installations essentielles en cas d'interruption du courant haute tension, la sous-station possède un groupe électrogène de secours avec moteur semi-Diesel Renault d'une puissance de 160 CV et qui commande, par courroie, un alternateur de même puissance. Des dispositions ont été prises pour éviter la mise en parallèle du courant produit par le groupe de secours et le Secteur.

## VIII. — **MAGASIN**

Le Magasin-type est composé d'une halle montée sur quai avec une voie longitudinale passant à l'intérieur du bâtiment. La distribution des matières se fait sur une table spéciale placée à côté du bureau du Garde-Magasin.

Un quai découvert est installé près du Magasin pour l'approvisionnement des pièces encombrantes ne craignant pas les intempéries.

Dans certains cas, l'édification de ce bâtiment a été différée et le magasin a été installé à l'intérieur de l'atelier de Grand Entretien, à l'emplacement de deux voies de levage. Il n'a pas été construit de quai à l'intérieur de cet atelier, le magasin étant alors desservi par le pont de 3 t.

## IX. — **BUREAUX**

Le type de bureau uniforme (fig. 14) est d'une largeur de 11 m et se compose d'un certain nombre de travées de 5 m 20 de longueur.

Fig. 14. — BUREAUX.

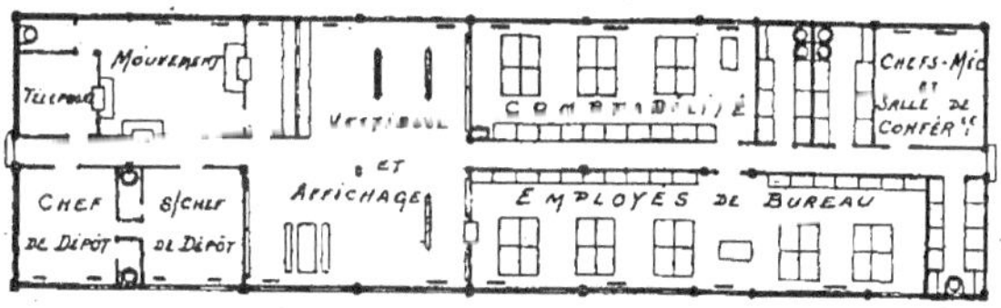

A l'une des extrémités se trouvent les bureaux du personnel dirigeant, le bureau du Mouvement et le téléphone. Dans la partie centrale est aménagé un vestibule de vastes dimensions, comportant une table mise à la disposition des mécaniciens pour la rédaction de leurs rapports et une série de tableaux d'affichage pour les documents à porter à la connaissance du personnel roulant.

À l'autre extrémité se trouvent les bureaux des employés de traction et des comptables, un vestiaire-lavabo, une salle d'archives et une salle de conférences.

## X. — BÂTIMENT D'HYGIÈNE POUR LES OUVRIERS ET MANŒUVRES

Un bâtiment à usage de vestiaire-lavabo est à la disposition des ouvriers et manœuvres.

Ce bâtiment est composé de travées de 10 m de largeur sur 4 m 70 de longueur. Des armoires métalliques individuelles sont installées à la séparation de chaque travée et forment cloison ; les lavabos à eau chaude et à eau froide sont placés dans la partie centrale. Une ou deux travées sont, en outre, aménagées en bains-douches.

Le bâtiment d'hygiène est, en général, placé à l'entrée du dépôt ; il n'est ouvert qu'aux heures d'arrivée et de sortie des ouvriers.

Dans les dépôts d'importance moyenne, on a différé la construction de ce bâtiment et le vestiaire-lavabo a été installé dans l'atelier de Grand Entretien, à l'emplacement futur de deux voies de levage des machines comme il a été fait aussi parfois pour le magasin.

## XI. — FOYER DES MÉCANICIENS ET CHAUFFEURS

Le Foyer se compose de deux corps de bâtiment. Le premier, qui ne comprend pas d'étage, contient la salle des lavabos, les bains-douches, puis la cuisine, le réfectoire et une salle de lecture ; ces trois dernières pièces sont desservies par une galerie vitrée donnant accès au second corps de bâtiment.

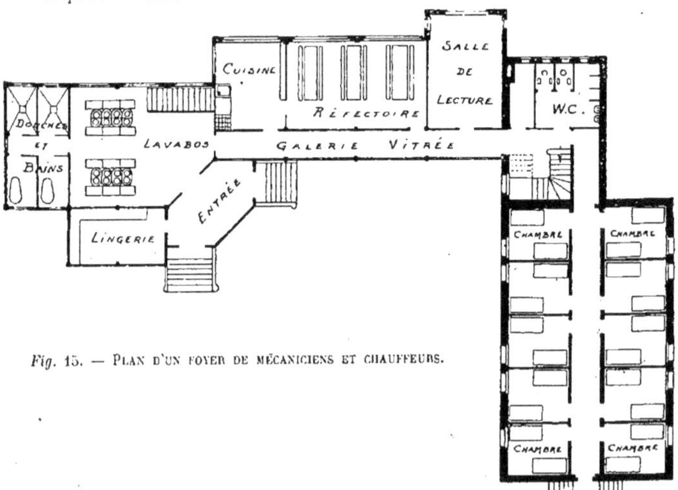


*Fig.* 15. — Plan d'un foyer de mécaniciens et chauffeurs.

Celui-ci comprend uniquement les chambres à coucher qui sont toutes à deux lits, sauf celles réservées aux Chefs-mécaniciens qui n'en contiennent qu'un. Ce corps de bâtiment est bâti à étages ; des W. C. existent à chaque étage.

*Fig. 16.*

Ces installations sont à 40, 60 ou 80 lits, chaque type étant extensible par l'allongement du dortoir.

Nous donnons (Fig. 15) le plan d'un Foyer et (Fig. 16) une vue d'ensemble.

## XII. — ORGANISATION D'ENSEMBLE DES DÉPOTS

Dans le tracé d'ensemble, la préoccupation principale a été d'établir pour la circulation des machines un circuit rationnel ne comportant ni recoupements, ni mouvements à contre-sens. L'évolution complète entre l'entrée et la sortie se fait, en principe, avec un seul rebroussement à l'extrémité du dépôt.

Les voies du chantier à combustible, de l'atelier de Grand Entretien, du Magasin, etc... ont été rendues aussi indépendantes que possible des voies de circulation des machines.

La fig. 17 donne l'aspect d'ensemble d'un de ces dépôts (Aulnoye). Nous donnons fig. 18 à 22 les plans d'ensemble des dépôts de : Lens, Aulnoye, Hirson, Lille-la-Délivrance, Laon.

Nous avons figuré sur certains de ces plans, et à la même échelle, les plans des installations détruites.

Les figures 23 et 24 donnent les plans des dépôts de : Douai, Compiègne catégorie moins importante que la précédente et dont certains éléments ont été simplifiés.

Enfin les figures 25 et 26 donnent les dépôts de Béthune et Longueau, partiellement détruits par faits de guerre et qui, à la reconstitution, ont été remaniés en utilisant des éléments des dépôts-types, en vue de mieux les mettre en rapport avec les besoins de l'Exploitation.

*Fig.* 17. — Aspect d'ensemble du dépôt d'Aulnoye.

*Fig.* 18. — Dépôt de Lens.

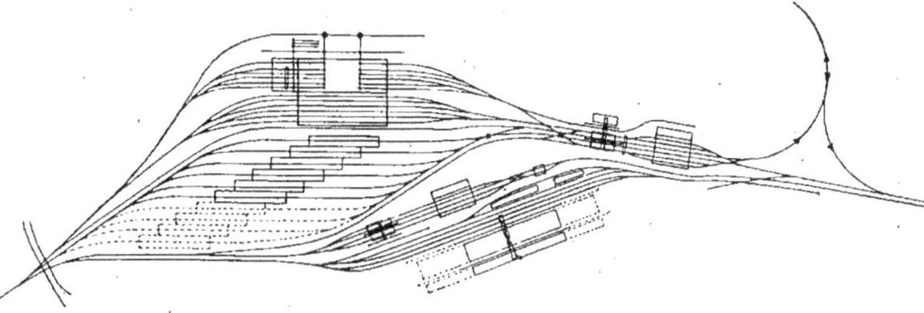

*Fig.* 19. — Dépôt d'Aulnoye.

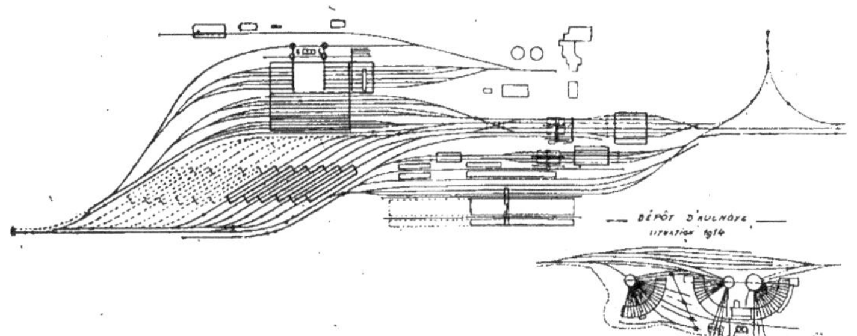


*Fig.* 20. — Dépôt d'Hirson.

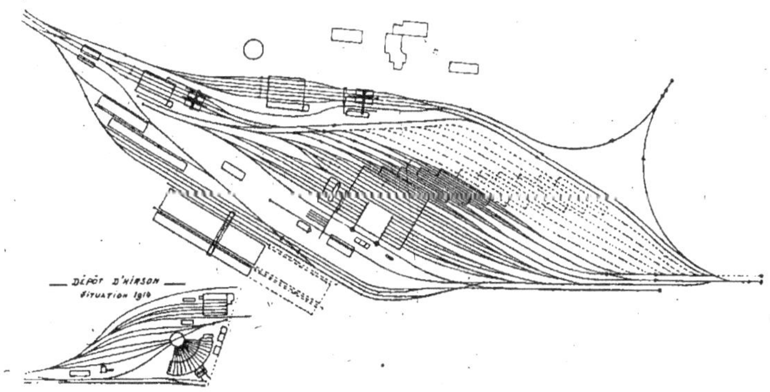

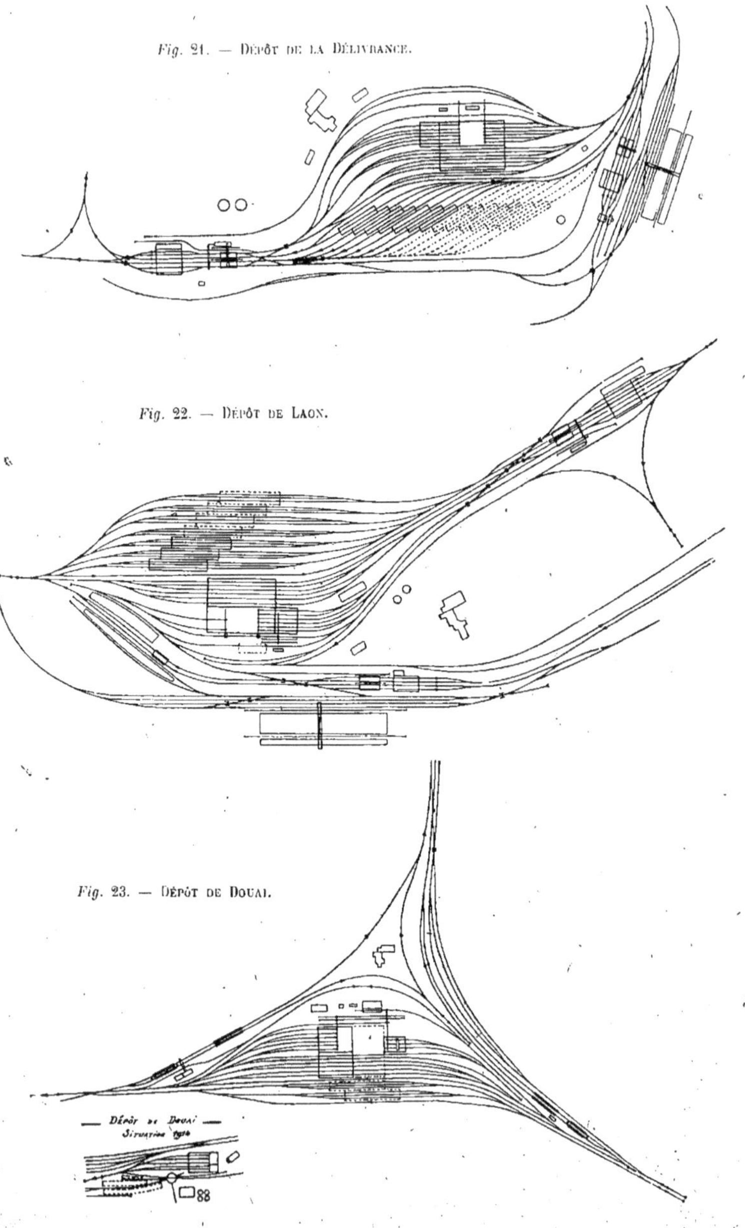



Fig. 21. — Dépôt de la Délivrance.

Fig. 22. — Dépôt de Laon.

Fig. 23. — Dépôt de Douai.

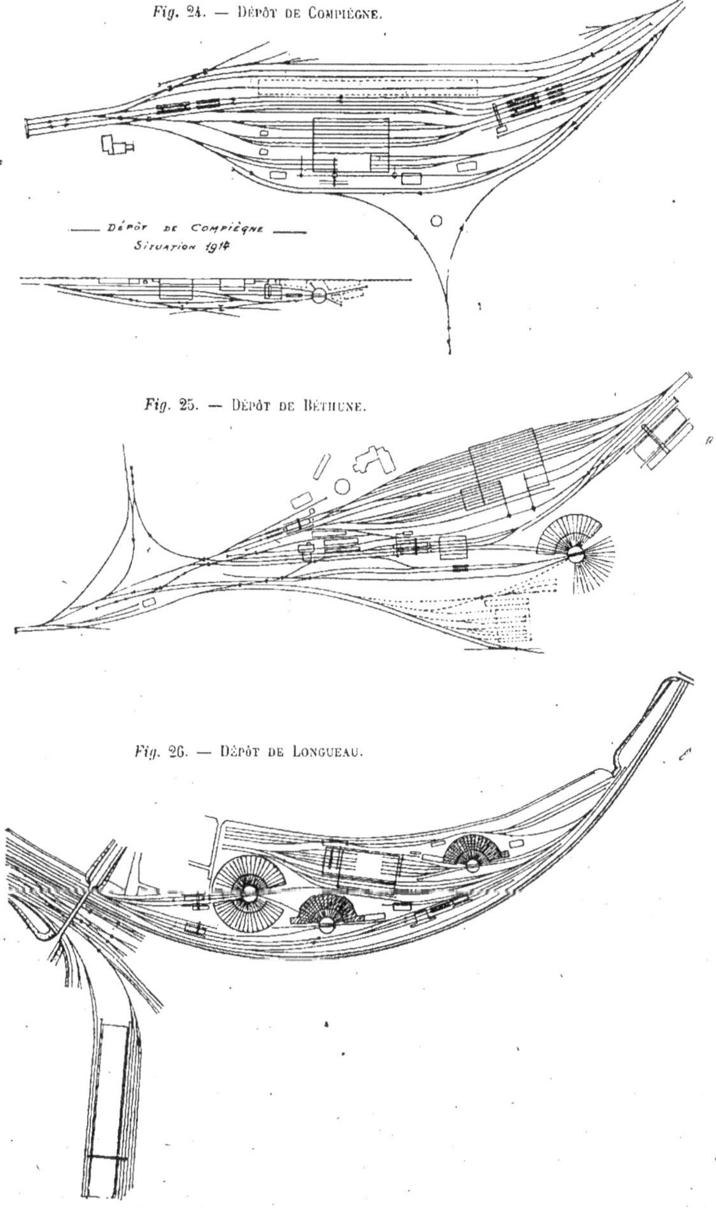

Fig. 24. — Dépôt de Compiègne.



Fig. 25. — Dépôt de Béthune.

Fig. 26. — Dépôt de Longueau.

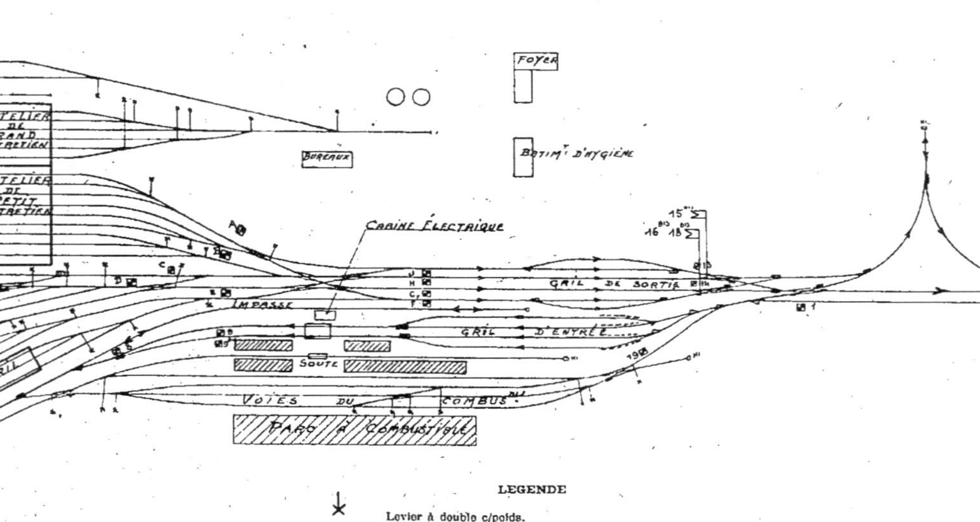


*Fig.* 27. — Schéma de signalisation (Dépôt d'Aulnoye).

LEGENDE

Levier à double c/poids.

Aiguille commandée par cabine électrique.

Aiguille chevillée pour la droite ou pour la gauche.

Rail isolé révélateur en cabine de l'occupation de la voie.

*Triangle de tournage.*— Dans presque tous les dépôts modernes, le triangle pour le tournage des machines a été adopté. Ce triangle fait habituellement suite au gril de sortie ; en se rendant en gare, la machine suit, soit la voie directe, soit le rebroussement par le sommet du triangle.

Le rebroussement se fait par aiguillage automatique sans qu'il en résulte de perte de temps appréciable.

Fig. 28. — La cabine d'aiguillage du dépôt d'Aulnoye.

*Signalisation - Cabine d'Aiguilleur.* — En principe, la signalisation est réduite au strict minimum. Nous citerons comme exemple le dépôt d'Aulnoye dont le dispositif de signaux est représenté par le schéma fig. 27.

On remarque que ce dispositif comprend la commande par signaux carrés de l'entrée et de la sortie et des mouvements qui s'exécutent sur la bretelle centrale.

Les refoulements sur l'impasse située à l'extrémité du dépôt, sont commandés par un tableau comprenant autant de cases qu'il y a de voies pouvant être empruntées au refoulement. Ces cases portent des numéros correspondants à ceux des voies et lorsque la direction de la voie $N$ est donnée, le numéro de la case $N$ est éclairé et autorise le refoulement. Le mécanicien a ainsi l'assurance que l'itinéraire qu'il va suivre est bien celui qui lui a été indiqué à son départ du gril d'entrée.

Toutes les aiguilles prises en pointes sur les voies actives du dépôt sont commandées en cabine. Les aiguilles prises en talon sont libres. Celles devant occuper une position normale pour une direction donnée sont chevillées pour cette direction ou y sont maintenues par un appareil talonnable à ressort. C'est le cas notamment de l'aiguille de refoulement de l'impasse du triangle de tournage.

Toutes les commandes de signaux et d'aiguilles sont concentrées dans une cabine unique électrique du système Mors.

Nous donnons fig. 28 la reproduction d'une photographie de cette cabine. La visibilité de l'aiguilleur s'étend sur l'ensemble du dépôt.

### XIII. — **PERSONNEL EMPLOYÉ**

Le tableau ci-dessous donne l'effectif employé dans un dépôt de 100 à 150 machines.

| DÉSIGNATION DES SERVICES | | NOMBRE D'AGENTS | NATURE DES SERVICES |
|---|---|---|---|
| Gril d'entrée | Chefs de Secteurs............. | 3 | Poste permanent d'un agent ; service alternatif. Agent technique ayant le grade de Sous-Chef de brigade d'ouvriers. |
| | Ramonages des tubes ......... | 3 | Poste permanent d'un agent ; service alternatif. |
| | Conduite des machines au remisage et à l'atelier de petit entretien ............... | 5 | Service alternatif ; un seul agent présent pendant la période de 8 heures la moins chargée ; deux agents présents dans les autres périodes. |
| Gril de remisage et Atelier de petit entretien | Chefs de Secteurs............. | 3 | Poste permanent d'un agent ; service alternatif. |
| | Gardiennage des machines en feu. Allumages ................ | 11 | En principe un agent présent par groupe de 30 à 35 machines en feu à gardienner, et un agent par 12 machines environ à allumer par période de 8 heures. |
| Gril de sortie | Chefs de Secteurs............. | 3 | Poste permanent d'un agent ; service alternatif. |
| | Conduite des machines du remisage et de l'Atelier au gril de sortie.................. | 3 | — d° — |
| | Préparation et entretien des feux des machines ............. | 3 | — d° — |
| Appareils de manutention mécanique | Surveillance ; mouvement des wagons .................. | 1 | Agent ayant le grade de Sous-Chef de Brigade. |
| | Distribution du combustible..... | 3 | Poste permanent d'un agent ; service alternatif. |
| | Parc à charbon ; enlèvement des cendres, manipulation du sable. | 2 | Service de jour. |
| Centrale thermique | Vidange des chaudières........ | 3 | Poste permanent d'un agent ; service alternatif. |
| | Lavage et remplissage des chaudières.................. | 5 | Dont un Sous-Chef de brigade ; service de jour. |
| Manœuvres des signaux et aiguilles | Aiguilleurs.................. | 3 | Poste permanent d'un agent ; service alternatif. |
| Divers | Foyers des mécaniciens et chauffeurs.................. | 3 | Poste permanent d'un agent ; service alternatif. |
| | Entretien des bureaux, du bâtiment d'hygiène et des locaux divers.................. | 3 | Service de jour (dont un Sous-Chef de Brigade). |
| | Corvées diverses ............. | 6 | — d° — |
| | Remplacements pour repos, permissions et maladies aux services alternatifs ........... | 20 | — d° — |
| | TOTAL........ | 83 | |

*Nota.* — Ce tableau ne vise pas le personnel ouvrier, tout à fait distinct et dont l'effectif est variable suivant les types de machines, selon les saisons et l'importance des travaux de grand entretien confiés aux dépôts.

Telle est la structure générale de l'œuvre accomplie et menée à bien en quelques mois.